Egipto

Grace Hansen

Abdo PAÍSES Kids

Abdo Kids Jumbo es una subdivisión de Abdo Kids
abdobooks.com

abdobooks.com

Published by Abdo Kids, a division of ABDO, P.O. Box 398166, Minneapolis, Minnesota 55439.

Printed in China

102019

012020

THIS BOOK CONTAINS RECYCLED MATERIALS

Spanish Translator: Maria Puchol

Photo Credits: Alamy, iStock, Shutterstock

Production Contributors: Teddy Borth, Jennie Forsberg, Grace Hansen
Design Contributors: Dorothy Toth, Pakou Moua

Library of Congress Control Number: 2019944059

Publisher's Cataloging-in-Publication Data

Names: Hansen, Grace, author.

Title: Egipto/ by Grace Hansen

Other title: Egypt. Spanish

Description: Minneapolis, Minnesota : Abdo Kids, 2020. | Series: Países

Identifiers: ISBN 9781098200893 (lib.bdg.) | ISBN 9781098201876 (ebook)

Subjects: LCSH: Egypt--Juvenile literature. | Egypt--History--Juvenile literature. | Africa--Juvenile literature. | Geography--Juvenile literature. | Spanish language materials--Juvenile literature.

Classification: DDC 962--dc23

Contenido

Egipto

Egipto es un país de África.

Una pequeña parte del país

está en Asia también.

Europa
mar Mediterráneo
Asia
Egipto
océano
Atlántico
mar Rojo
África
N
W
E
S

En Egipto viven más de 99 millones de personas. El Cairo es la ciudad más grande del país. ¡También es la capital!

Historia de Egipto

La historia de Egipto es muy larga e interesante. Fue una de las primeras **civilizaciones**. Los faraones gobernaron durante 3,000 años en el antiguo Egipto.

Egipto fue invadido por muchas **fuerzas externas** desde el año 322 a.e.c. En 1922 finalmente consiguió su **independencia**.

Geografía

Gran parte de Egipto está cubierto por desierto. El desierto del Sahara cubre el 31% de África. Casi todo Egipto es parte del desierto del Sahara.

El río Nilo recorre 1,000 millas (1,605 km) a través de Egipto. Desemboca en el mar Mediterráneo. La mayoría de los egipcios viven cerca del río, donde la tierra es **cultivable**.

Plantas y animales

En el río Nilo hay cocodrilos. A la orilla del río crecen plantas de papiro. Los antiguos egipcios usaban esta planta para hacer **pergaminos**, barcas y sandalias.

Las pirámides

Egipto tiene de todo, desde ciudades modernas hasta antiguas pirámides. Las pirámides son tumbas gigantes de los faraones. Las pirámides más famosas de Egipto están en Guiza.

La gran pirámide de Guiza es la tumba de Keops. Éste fue un faraón que gobernó hace más de 4,500 años. La tumba está hecha con alrededor de 2.3 millones de bloques.

21

Lugares impresionantes de Egipto

Templos de Abu Simbel
Gobernación de Asuán, Egipto

Gran Esfinge
Guiza, Egipto

Canal de Suez
Vía acuática que conecta el mar Mediterráneo con el mar Rojo.

Desierto Blanco
Farafra, Egipto

Glosario

civilización – etapa avanzada de las artes, ciencias y gobierno del desarrollo de una sociedad.

cultivable – que se puede explotar para el cultivo.

fuerzas externas – grupo que usa la violencia o el poder para controlar o intentar controlar a otro grupo.

independencia – libertad de un control externo.

pergamino – rollo de papel o papiro en el que se puede escribir.

Índice